Índice

Las guerras de los niños

La panda de los mocosos
No a los juguetes feos
  (Precisamente en Navidad)
Sólo tres letras (Canción para la paz)

Las guerras de los mayores

Edad Media
Una del Oeste
El camello y el tanque
Versos serios

Pacifistas

El héroe Sam
Coscorrón
El niño y el pez

© Herederas de GLORIA FUERTES CB
Ilustraciones: Federico Delicado

© SUSAETA EDICIONES, S.A.
Campezo 13 – 28022 Madrid
Tel.: 91 3009100 – Fax: 91 3009118
Impreso y encuadernado en España
www.susaeta.com

Cualquier forma de reproducción, distribución, comunicación pública o transformación de esta obra solo puede ser realizada con la autorización de sus titulares, salvo excepción prevista por la ley. Diríjase a CEDRO (Centro Español de Derechos Reprográficos) si necesita fotocopiar o escanear algún fragmento de esta obra (www.conlicencia.com; 91 702 19 70 / 93 272 04 47).

LEE con Gloria Fuertes

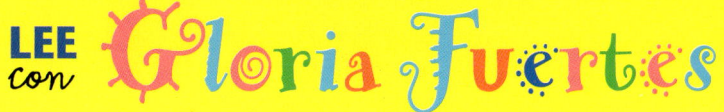

Aquí paz y además Gloria

Ilustra: Federico Delicado

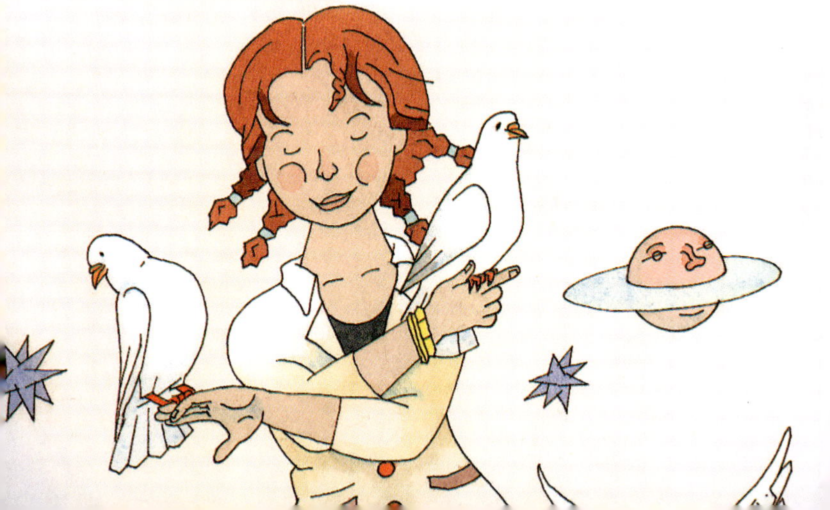

Las guerras de los niños

La panda de los mocosos

La panda de los mocosos
era el terror del parque.

Era una panda de enanos
(no eran enanos
eran pequeños de siete a doce años).
No eran enanos, eran hermanos.
Todos los días
hacían sus fechorías.

Con sus patines de ruedas,
empujar a las abuelas,
romper farolas,
dar pelotazos
a las señoras.
Y su favorita travesura,
volcar los cubos de la basura.

Al más tranquilo y cariñoso
de los hermanos horrorosos
le pregunté: —¿Por qué te llaman
"El Campana"?
—Porque soy tontín, ton, tín.

MORALEJA: —*Que la gente aprenda,
que el bueno no es tonto,
es gente estupenda.*

No a los juguetes feos
(Precisamente en Navidad)

No, a los juguetes feos.
No, precisamente en Navidad
que son días de amor,
que son días de paz.

Los juguetes son para jugar a jugar
(de verdad),
no para jugar a matar
(de mentira).

Tanto tanto,
tanto tonto,
tanto tanque,
para nada.

Las pistolas (ni de agua).
El revólver (ni de broma).
La escopeta (ni tocarla).

Los juguetes para todo.
Y las armas para nada.

¡Niños del mundo, negaros,
no admitir esos regalos!

Sólo tres letras
(Canción para la paz)

Sólo tres letras,
tres letras nada más,
sólo tres letras
que para siempre
aprenderás.

Sólo tres letras
para escribir P A Z.

La P, la A, y la Z,
sólo tres letras.

Sólo tres letras,
tres letras nada más,
para cantar PAZ,
para hacer la PAZ.

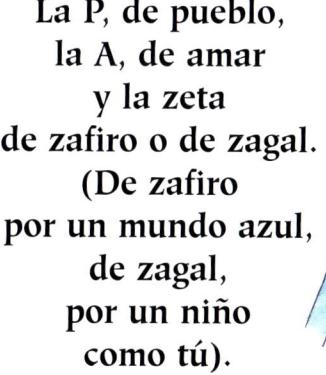

La P, de pueblo,
la A, de amar
y la zeta
de zafiro o de zagal.
(De zafiro
por un mundo azul,
de zagal,
por un niño
como tú).

No hace falta ser sabio,
ni tener bayonetas,
si tú te aprendes bien,
sólo estas tres letras,
úsalas de mayor
y habrá paz en la tierra.

Las guerras de los mayores

Edad Media

Hace muchos siglos
que los crustáceos lentos
llevan el esqueleto por fuera
y la carne por dentro.
(Gambas, quisquillas, cangrejos...).

Y de los crustáceos
copiaron los guerreros,
se disfrazaron de cigalas
y se pusieron armaduras de hierro,
llevaban el esqueleto por fuera
y lo tierno por dentro.

**No, no llevaban lo tierno por dentro,
su corazón era más duro que el acero,
porque mataban a otro caballero.**

**Los hombres eran tan animales
que imitaban a los animales
para hacerse daños;
vosotros, los que tenéis pocos años,
no haced cosas medievales,
sino todo lo contrario.**

Tanto amas, tanto vales.

Una del Oeste

El indio Toro de Pie
iba a luchar con Toro Sentado.

Y los guerreros de Centollo Pata Pollo
iban a verse las caras —pintadas—
con Ojo de Ajo.

Se va a iniciar el torneo (la lucha),
primero va Toro Sentado y se ducha.

Toro de Pie, espera.
Toro de pie, desespera.
Toro Sentado,
aparece todo mojado
con el hacha oxidada de barro.

—¡Uy! ¡Cómo vienes, cogerás un catarro!
dijo Toro de Pie a Toro Sentado.
—Antes de luchar, echemos un trago,
es licor de coco,
bebe poco a poco.
O.K. Toro de Pie, yo te regalo unos espejos...

—Usemos los catalejos.
—No puedo creer lo que veo a lo lejos,
dijo Ojo de Ajo a Centollo Pata Pollo.
—No se mueven... ¡Beben!
¡Se cambian las plumas!
—¡No pelean! ¡Fuman!
—¿ES LA PIPA DE LA PAZ!
—¡Ojo de Ajo, vamos para allá!

FINAL
Sin flechas ni tiros,
con abrazos y suspiros.
¡Los enemigos se hicieron amigos!

No hubo lucha, no hubo gresca,
saltando y bailando sobre la hierba,
juntos los indios felices
se fueron a su reserva.

El camello y el tanque

El camello se asustó
con el ruido nunca oído,
el silencio del desierto
se convirtió en estampido.

Una manada de tanques
rugían en el camino.
El tanque como un dragón
lanzaba fuego escondido,
el silencio de la arena
se estremece ante el rugido.

**El camello mareado,
el tanque muy mal herido.
El tanque, animal sin alma,
desde lejos mata niños.**

**El camello sin su camellero
y el tanque sin sus soldados,
en la mitad del desierto
se quedaron muy callados.**

**Madres y niños alegres,
lanzad el grito esperado.
¡Viva la Paz para siempre,
hoy la guerra ha terminado!**

Versos serios

Cuando la memoria se muere,
nace el olvido.
Cuando el árbol se muere,
nace el papel.
Cuando la paz se muere,
nace la guerra.
Todo esto nace
porque el hombre lo hace.

Cuando la noche se muere,
nace el día.
Cuando la tristeza se muere,
nace la alegría.
Cuando la Luna se muere,
nace el Sol.
Todo esto nace
porque lo hace Dios.

Pacifistas

El héroe Sam

En su pobre chabola,
Sam el vagabundo,
guarda el diamante
más grande del mundo.

¡Diez mil millones
valía el diamante,
del pobre mendigante!

El dia que no comía
por la noche lo miraba,
y así se alimentaba.

Al fabuloso diamante
lo guardaba tan contento,
para que los hombres
no lo gastaran en armamento.

Nadie supo que fue un héroe
y un artista.
No estaba loco,
estaba pacifista.

El diamante tenía
el tamaño de su corazón,
pero su corazón
era más grande que el diamante.

Coscorrón

Le llamaban Coscorrón,
porque se llevaba
todos los coscorrones
del barrio.

Coscorrón era un chiquillo,
con arañazos bajo el flequillo.
Aunque por dentro era atleta,
poca cosa en camiseta,
de bondad era muy sano,
corazón, como un piano.

Cuando se metía a separar gente,
siempre le daban un porrazo en la frente.

Estudiaba para Pacificador Total
—y se reían de él como es natural.

Aunque no era guerrero ni peleón,
siempre lucía algún chichón.

—¡No te metas, no te metas!
—le decían las mofetas.

En el barrio había dos pandillas,
"Los Pandas" y "Las Ardillas",
su deporte era luchar,
no de juego, de verdad,
y en medio se metía Coscorrón,
para separarlos mejor.

—Sed amigos, sed amigos,
decía a los enemigos.

Era uno contra veinte,
aún sigue convaleciente.

Como una momia vendado,
dice comiendo un helado.
—Me he comprado esta chichonera,
para poder seguir mi carrera.

El niño y el pez

Bajo el mar
hay estrellas venenosas.
Sobre el mar
hay estrellas muy hermosas.

Muy hermosas,
porque en ellas viven gente,
que ya viene hacia la Tierra
desde hace siglos,
están en camino.
¿Y cómo serán
los extraterrestres?
¿Y qué nos harán
al llegar?

No vienen en platillos volantes
vienen en aves gigantes,
vienen en avesnaves.
Los extraterrestres
tardarán en llegar a España
unos setenta años,
algunos de vosotros lo veréis
—y no os harán daños.

Al llegar a la Tierra,
estas aves como naves
pondrán huevos
y de ellos saldrán
¡inmensas palomas de paz!

Fin